Petit guide du langage hypnotique

à l'attention des hypnotiseurs débutants et professionnels

Édition 2020

THIBAULT GOUTTIER

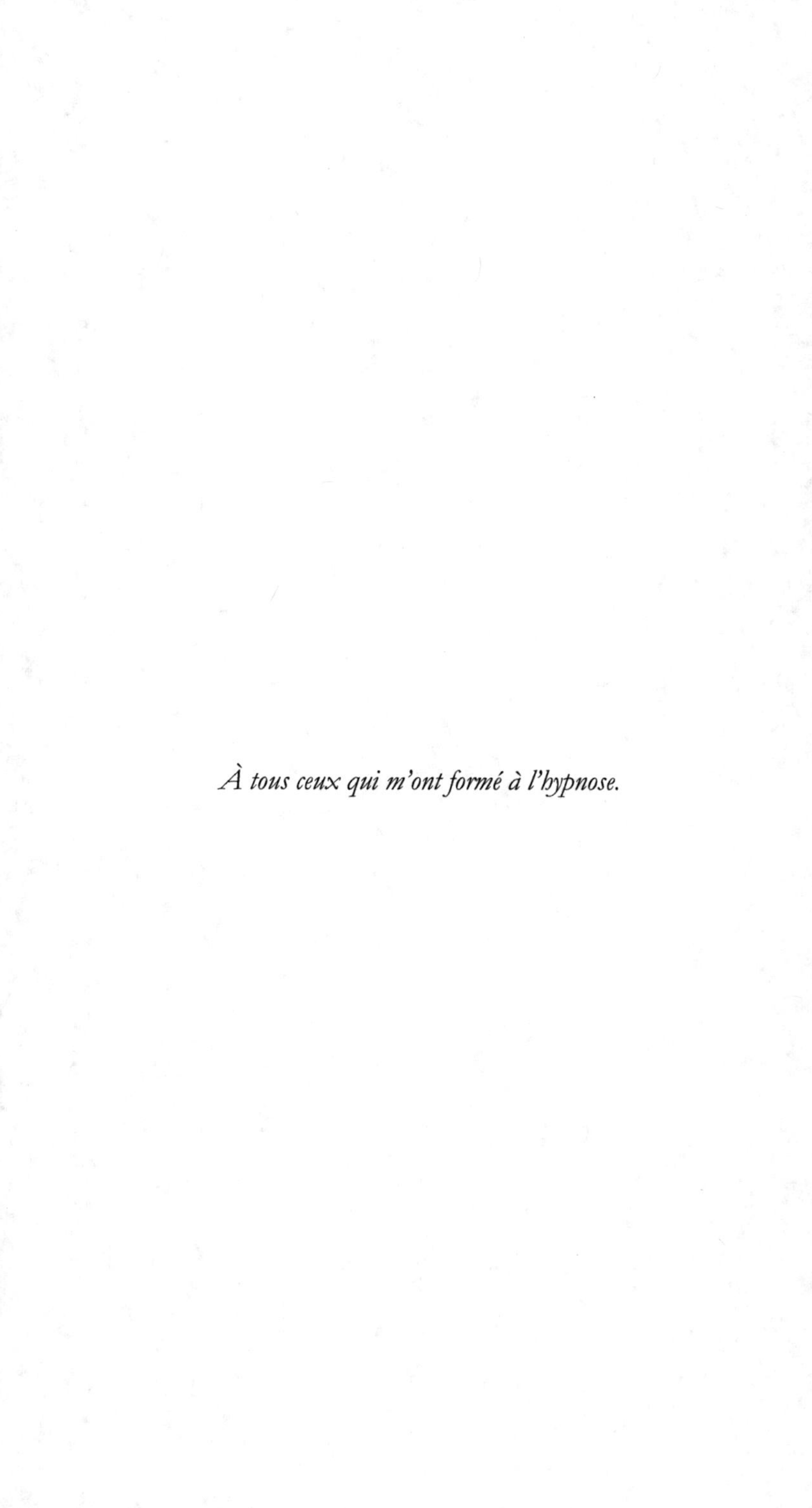

À tous ceux qui m'ont formé à l'hypnose.

PRÉFACE

Je remercie Thibault Gouttier pour l'opportunité de préfacer cet ouvrage. J'aimerais en premier lieu y apporter une précision sémantique. Le terme « *hypnotique* » renvoie à plusieurs définitions. Celle relative aux expériences hypnotiques (comme par exemple être profondément absorbé dans une tâche, ou se sentir dissocié des perceptions immédiates du monde sensible), et celle relative à la suggestibilité et à l'implémentation de suggestions. Bien qu'il s'adresse à « suggérer des expériences hypnotiques », l'ouvrage de Thibault Gouttier me semble s'adresser prioritairement aux mécanismes suggestifs eux-mêmes. Aussi, j'aimerais en second lieu apporter quelques précisions sur la notion de suggestion.

Le phénomène de suggestion a d'abord été étudié à la fin du XIXème siècle par des chercheurs tels que Bernheim, Coué, Janet et Freud. De la fin des années 1980 aux débuts des années 2000, Vladimir Gheorghiu réunit de nombreux scientifiques reliés à la question de la suggestibilité, parmi lesquels Kirsch, Sheehan, Lundh et De Pascalis, pour en faire un état des lieux. En 2018, au Centre de Recherche de l'A.R.C.H.E., nous en avons proposé la première et unique synthèse disponible en français. De ces approches modernes de la suggestion, qui mêlent sciences sociales et sciences cognitives, ressortent des questions qui restent encore aujourd'hui à clarifier. Mais il en ressort également un éclairage du phénomène, et des compréhensions concrètes. La suggestion repose sur un mécanisme d'amorçage (« priming »), qui pilote les structures de représentations et les attentes d'un individu, ses perceptions et réactions. Elle influence ainsi les comportements, sensations, croyances et attentes, émotions et buts motivationnels. Elle se définit comme « suggestion » quand le *suggestionneur* n'a pas l'intention que le *suggestionné* perçoive une intention d'influence, et en ceci, elle se distingue de la proposition et de la persuasion. Elle contourne les facteurs critiques des individus, et leur donne l'illusion de choix délibérés.

En tant que praticien de l'accompagnement par l'hypnose, j'ai pris du plaisir à me plonger dans la lecture de ce petit guide du langage hypnotique - bien que je l'aurais moi-même nommé « guide du *langage suggestif favorisant les expériences hypnotiques* » : termes plus explicites mais certainement trop précis pour titrer un ouvrage. D'une part, ce guide m'a rappelé le plaisir que j'ai eu à apprendre ces techniques lorsque je m'y formais auprès de Kevin Finel, véritable virtuose de la suggestion et maître du fonctionnement de la suggestibilité. Ce livre m'a d'autre part rappelé la profondeur et la simplicité des mécanismes qui sous-tendent l'implémentation des suggestions. Enfin, il m'a rappelé l'importance de s'y entraîner et de les pratiquer, à l'image du musicien qui affine et entretient sa technique motrice et artistique toute sa vie.

A l'heure de rédiger cette préface, il m'a semblé utile de conclure sur une dimension éthique. Si ce petit guide du langage hypnotique s'arrête aux suggestions relatives aux inductions hypnotiques et au travail hypnotique, vous constaterez dans chaque « troisième exemple » qu'elles fonctionnent, en soi, pour suggérer quoi que ce soit. La suggestion permettant d'influencer autrui, il convient de nous interroger sur nos intentions à orienter autrui, et sur le bien-fondé des orientations que nous pourrions lui suggérer. Comme nous le rappelle le Spiderman de Sam Raimi : « *with great power, comes great responsability* ».[1]

Le 12 Octobre 2019, Cyrille Champagne, Directeur du Centre de Recherche de l'A.R.C.H.E.

---

[1] Traduction : « Un grand pouvoir implique de grandes responsabilités »

INTRODUCTION

En écrivant ce livre, je ne voulais pas parler de ce que je crois connaître de l'hypnose. Il existe de nombreux théoriciens pour vous faire découvrir cet art subtil. Je n'ai pas non plus la prétention d'apprendre au lecteur à hypnotiser, laissant avec plaisir la place à des formateurs plus émérites.

J'ai choisi d'enlever la plupart des termes techniques, sources de multiples désaccords de définition pour les remplacer par un langage quotidien. Le terme « client » m'a également paru plus adapté que « sujet ».

Ce guide est écrit avec l'envie d'aider une nouvelle génération d'hypnotiseurs à s'approprier le *langage hypnotique*, que nous considérons ici être un *langage consciemment suggestif dans le cadre d'une séance d'hypnose*. Les phrases de ce livre ont comme but d'aider l'hypnotiseur à suggérer des propositions d'évolution de la séance tout en préservant le lien entre le client et sa capacité d'autosuggestion.

Dans ce livre, nous partons du postulat suivant : c'est le client qui *s'autosuggestionne*, même si la direction ou la réflexion peut être induite par l'hypnotiseur. Nous remarquons donc un lien *client - capacité d'autosuggestion* nécessaire à la bonne conduite d'une séance. Ce lien peut être affaibli pour plusieurs raisons : manque de confiance dans l'hypnotiseur, peur, incapacité émotionnelle ou physique, croyances… Les propositions de ce livre ont pour objectif de préserver ce lien et de le fortifier.

Le lecteur est invité à prendre ce livre comme une liste non-exhaustive de phrases. Tirées de mes expériences de l'hypnose ericksonienne et des écrits et retranscriptions de/sur Milton Erickson, le lecteur pourra les additionner, les fractionner, ou les mélanger pour trouver son propre style et gagner en fluidité et en confiance lors de ses séances. Pour cela, le lecteur est grandement invité à lire les exemples proposés plusieurs fois, à haute voix ou dans sa tête, pour chercher et trouver son propre rythme ; son propre ton.

Chaque phrase présentée est donc accompagnée de trois exemples d'utilisation. Le premier exemple est proposé dans un objectif d'induction ; phase classiquement admise comme un moment de mise en transe et d'augmentation de la suggestibilité du client. Le deuxième, dans un objectif de travail au cœur de la séance, permettant une avancée dans une idée de changement en favorisant les transformations comportementales. Le troisième est quant à lui un exemple à votre intention. Dans tous les exemples, tutoiement et vouvoiement sont sciemment mélangés. Soyez libre de les faire évoluer à votre guise.

PHRASE N°1
VOUS VOUS SOUVENEZ PEUT-ÊTRE...

Cette phrase invite à la recherche d'un souvenir pour son exploration immédiate. Elle offre la liberté totale de ne pas réussir à se souvenir. Ainsi, malgré une demande clairement énoncée, le client ne peut pas être confronté à l'échec et le lien client - autosuggestion reste totalement préservé. Notez également le sous-entendu : ce n'est pas parce que vous ne vous souvenez pas que ce n'est pas arrivé.

Objectif d'induction
Et plus vous respirez, plus quelque chose bouge à l'intérieur... gagne en fluidité... **Vous vous souvenez peut-être** *de la première fois où vous avez ressenti cette sensation de l'esprit qui se pose peu à peu...*

Objectif de travail
Et quand vous regardez cette sensation... posée dans votre main... **vous vous souvenez peut-être** *de ce qu'on peut ressentir quand on se sent écouté(e)...*

À l'intention du lecteur
Pendant que vous relisez cette phrase... **vous vous souvenez peut-être** *de la dernière fois ou vous auriez aimé l'utiliser en séance...*

PHRASE N°2
QUELQUEFOIS… / PARFOIS…

« Quelquefois » est une proposition proche de « vous vous souvenez peut-être ». Cette suggestion laisse une porte de sortie évidente face à la possibilité de ne pas pouvoir, car si c'est « quelquefois », ce n'est clairement pas « tout le temps ». Le plus important est qu'il s'agit avant tout d'une évocation : aucune action n'est directement demandée bien qu'une direction soit suggérée. Il ne peut donc y avoir aucun échec.

Objectif d'induction
Et plus vous descendez cet escalier à l'intérieur de vous… plus une image apparaît… **quelquefois…** *une simple image suffit à nous transporter totalement ailleurs…*

Objectif de travail
Visualisez cette personne… là, juste devant vous… **quelquefois…** *le simple fait de prendre le temps de regarder quelqu'un nous permet de mieux comprendre les sentiments qu'on ressent…*

À l'intention du lecteur
Pensez à lire ces phrases à haute-voix… **quelquefois** *il suffit de ça pour s'approprier totalement des écrits.*

PHRASE N°3
PEUT-ÊTRE…

Comme « quelquefois…/parfois… », « peut-être » permet de proposer une suggestion que le client est totalement libre d'accepter ou de refuser sans pour autant mettre en défaut sa capacité d'autosuggestion. C'est une proposition très permissive qui donne la possibilité d'être direct dans nos suggestions.

Objectif d'induction
Peut-être *que quand la main touchera le visage, vous découvrirez une nouvelle sorte de transe…*

Objectif de travail
Vous allez **peut-être** *dès aujourd'hui trouver en vous la solution pour créer une nouvelle voie…*

À l'intention du lecteur
Et lorsque vous lirez les prochaines phrases… vous commencerez **peut-être** *naturellement à toutes les mélanger entre elles…*

PHRASE N°4
N'EST-CE PAS ?

Il est très difficile de répondre « non » à un « n'est-ce pas ? ». Ainsi, dès que vous affirmez quelque chose de presque irréfutable et ponctuez avec « n'est-ce pas ? », vous avez de grandes chances d'obtenir un « oui » verbal ou mental. Par ce biais vous montrez à votre client que vous êtes sur la même longueur d'onde, que vous vous comprenez, et non seulement sa confiance en vous augmentera, mais également votre pouvoir de vérité. Plus ce pouvoir est grand, plus votre client acceptera vos suggestions sans vérifier leur véracité.

Objectif d'induction
Et déjà quelque part, vous pouvez sentir la pesanteur grandir dans votre corps, **n'est-ce pas ?**

Objectif de travail
Et à partir de maintenant, vous allez pouvoir appréhender ce nouveau travail avec un regard renouvelé… car vous savez que le voyage est encore plus important que la destination, **n'est-ce pas ?**

À l'intention du lecteur
Et plus vous avancez dans ce livre, plus vous commencez à comprendre la manière dont vous pouvez vous en servir, **n'est-ce pas ?**

PHRASE N°5
PARCE QUE…

Il s'agit là du lien de cause à effet le plus utilisé. Il est porteur de vérité en soi. Tant et si bien que le client n'ira pas toujours vérifier si ce lien est bien logique. En liant votre demande à une proposition qui a l'air véridique avec le « parce que », elle gagne en vérité et donc en force de suggestion.

Objectif d'induction
*Vous continuez de glisser encore plus profondément dans cet état de transe… **parce que** votre corps a toujours su quoi faire pour vous aider à trouver l'état dans lequel vous êtes le plus apte à vivre la séance…*

Objectif de travail
*Vous pouvez laisser vos mains approcher cette sphère de votre torse… et juste laisser partir toute la rancœur que vous pouviez ressentir… **parce que** vous savez qu'un apprentissage important est en train de se passer…*

À l'intention du lecteur
*Et vous pouvez relire ces phrases en rajoutant « n'est-ce pas ? » à la fin, … **parce que** c'est en mélangeant les différentes propositions que vous trouverez votre manière de les utiliser.*

PHRASE N°6
AVEC QUELLE … ?

La question est dérivée. Il ne s'agit pas de savoir si quelque chose va se passer ou pas, mais simplement la vitesse, la force, la lenteur (etc…) avec laquelle elle va se mettre en place. En acceptant cette idée, le client accepte implicitement que l'action se passe.
Notez que l'adjectif utilisé teintera l'action : la rapidité viendra accélérer le mouvement, la lenteur pour prendre plus de temps, la puissance pour faire grandir un ressenti, etc…

Objectif d'induction
*Et plus cette main se rapproche, et plus l'état continue de s'approfondir… et je me demande **avec quelle lenteur** cette main va se rapprocher du torse ?*

Objectif de travail
*Et alors qu'une partie de vous a déjà commencé à évoluer… j'aimerais savoir… **avec quelle rapidité** les autres parties vont également continuer à changer… à comprendre pleinement votre nouvel apprentissage…*

À l'intention du lecteur
*Et lorsque vous ferez votre prochaine séance… je me demande **avec quelle précision** vous allez choisir vos mots…*

PHRASE N°7
JE NE SAIS PAS COMMENT…

Comme « avec quelle… », cette proposition présuppose que l'action va de toute façon se passer. C'est déjà acté. La seule chose qui compte maintenant, c'est de savoir comment.

Objectif d'induction
Je ne sais pas comment cette main va pouvoir s'approcher du visage… et en s'approchant… commencer à créer une sensation au niveau de la poitrine… calme… posée…

Objectif de travail
Je ne sais pas comment ce que tu imagines dans cette main va pouvoir s'installer à l'intérieur de toi… ni où elle va préférer aller…

À l'intention du lecteur
Je ne sais pas comment le fait de répéter cette phrase… de plus en plus lentement… va te permettre de trouver le juste rythme pour la dire…

PHRASE N°8
J'AI ENTENDU DIRE…

Nombreux sont les hypnotiseurs qui aiment suggérer le changement avec des histoires, voir des légendes métaphoriques, pleines de sens. « J'ai entendu dire » en est une première approche. En donnant l'impression de confier quelque chose qu'il a lui-même entendu, l'hypnotiseur pourra indirectement initier le client à une nouvelle croyance. Avec cette technique, même si la proposition ne plaît pas au client (ce qui arrive peu face à une proposition réfléchie), la suggestion n'est jamais mise en cause.

Objectif d'induction
*Et vous pouvez maintenant simplement fermer les yeux… **J'ai entendu dire** que certaines personnes fermaient également leurs yeux intérieurs… freinant les images, les pensées… et juste trouver du calme.*

Objectif de travail
*Vous pouvez prendre le temps de penser à ce que vous avez dit… **J'ai entendu dire** que parfois… il suffisait d'une simple pensée pour que tout change.*

À l'intention du lecteur
*Et à un certain moment, vous finirez le livre… **J'ai entendu dire** que ceux qui le lisaient jusqu'au bout faisaient des séances magnifiques.*

PHRASE N°9
COMMENT…

« Comment » est l'un des mots les plus introspectifs du dictionnaire parce qu'il pousse le client à trouver lui-même des réponses sans donner trop d'indication de direction.

Objectif d'induction
Pendant que ta respiration se calme… qu'elle se lisse… j'ignore **comment** *cette transe peut réussir à gagner en profondeur… mais quelque part, sans trop savoir quoi, quelque chose continue de changer…*

Objectif de travail
Tandis que tu laisses cette image de toi apparaître derrière tes paupières closes, une partie de toi découvre **comment** *elle peut rendre cette image encore plus réaliste.*

À l'intention du lecteur
Et à chacune des phrases que vous lisez… l'hypnotiseur en vous peut imaginer **comment** *il va les réutiliser…*

PHRASE N°10
VAS-TU (A)… OU (B)… ?

Nous créons l'illusion d'un choix. Grâce à cette question, nous fabriquons un choix binaire : (a) ou (b), limitant ainsi les réponses possibles à celles qui nous intéressent.

Notez qu'il il peut y avoir autant de « ou » que nécessaire pour couvrir toutes les directions que vous jugerez positives pour la séance.

Objectif d'induction

Vas-tu *d'abord faire attention à la pesanteur grandissante dans la main droite **ou** plutôt dans la main gauche ?... **ou** simplement laisser le corps tout entier découvrir cette sensation ?*

Objectif de travail

Vas-tu *laisser cette sensation négative disparaitre pour la remplacer par quelque chose de nouveau … **ou** la laisser se transformer d'elle-même en une chose positive ?*

À l'intention du lecteur

Vas-tu *dire à haute voix chacune des phrases pour te familiariser avec le ton que tu penses adéquat **ou** plutôt prendre le temps de les lire dans ta tête pour mieux les ressentir ?*

PHRASE N°11
EST-CE QUE TU PRÉFÈRES
(A)… OU (B)… ?

Variante de « vas-tu … ou … ? ». Le client a toujours l'illusion d'un choix, mais la question est plus directe. Elle peut être posée de manière innocente alors que le client n'est pas en transe. Chaque réponse proposée doit être capable de faire avancer la séance. De plus, grâce à cette question, le client nous confie des éclaircissements sur sa problématique et se sent écouté.

Objectif d'induction
Est-ce que tu préfères *rentrer en transe en ressentant de la légèreté* **ou** *de la lourdeur ?*

Objectif de travail
Est-ce que tu préfères *te débarrasser de cette émotion…* **ou** *juste l'accueillir ?*

À l'intention du lecteur
Est-ce que tu préfères *imaginer ce que ces phrases peuvent déclencher sur tes clients* **ou** *imaginer ce qu'elles peuvent déclencher sur toi… ?*

PHRASE N°12
DÈS QUE (A)…, TU (B)…

Comme « parce que », il s'agit d'un lien de cause à effet. Mais cette fois, l'idée et de construire une séquence d'action : c'est (A) qui entraîne (B). Tandis que « parce que » sert plutôt de justification à une suggestion.

Notez que cette phrase peut être utilisée pour déclencher immédiatement une réaction (B) pendant l'action (A) (voir l'exemple d'induction) ou pour la préparer (voir l'exemple de l'objectif de travail).

Objectif d'induction

*Remarquez que votre tête commence à pencher sur le côté… et **dès que** la tête penche… alors **vous** ressentez un relâchement qui se diffuse dans l'ensemble du corps… et les muscles, et les pensées, et même la respiration… sont de plus en plus détendus…*

Objectif de travail

*Et **dès que** cette boule sera installée à l'intérieur de toi, **tu** vas ressentir que tout cela est déjà loin… loin derrière toi… et que tu as déjà appris tout ce que tu avais à apprendre… et la boule continue de s'approcher…*

À l'intention du lecteur

*Et **dès que** tu sens qu'une phrase est plus hypnotique pour toi qu'une autre… **tu** peux juste fermer les yeux… la répéter plusieurs fois… et sentir ce que ça pourrait t'apporter…*

PHRASE N°13
CHAQUE FOIS QUE TU (A)…,
ALORS (B)…

C'est l'une des manières les plus simples et directes pour créer un lien de causalité : À chaque fois que (a) se passe, alors (b) se déclenche. La différence avec « dès que… tu… » réside dans le sous-entendu de pluralité de l'action.

Objectif d'induction
*Et **chaque fois que tu** sens l'air rentrer dans tes poumons… **alors** tu peux laisser cette sensation de glissement prendre de plus en plus d'espace à l'intérieur de toi…*

Objectif de travail
*Et **chaque fois que tu** penseras à une cigarette, **alors** tu penseras également à la sensation de liberté que tu risques de perdre… à la fatigue qui s'installerait à l'intérieur de toi…*

À l'intention du lecteur
*Et **chaque fois que tu** seras en séance… **alors** c'est comme si ce livre était ouvert dans ton esprit… et les propositions défileront naturellement dans ta tête…*

PHRASE N°14
TANDIS QUE… / PENDANT QUE …

C'est une variante de « dès que…, tu… ». La première liait les objets dans l'action ; celle-ci est beaucoup plus libre dans le temps et l'interprétation. Ainsi, l'hypnotiseur pourra lier des actions ou des états l'un avec l'autre, même s'ils n'ont de prime abord aucun rapport.

Objectif d'induction
*Et **pendant que** tu sens ce profond état de relaxation s'installer en toi, l'image que tu avais devant les yeux peut commencer à disparaitre… et l'état s'approfondit.*

Objectif de travail
*Et **tandis que** tu penses aux différentes choses qu'il te reste à faire… une partie de toi se prépare durablement au changement.*

À l'intention du lecteur
*Et **pendant que** tu lis le ce livre, tu peux laisser ton esprit s'échapper dans une transe légère quelques minutes… pour simplement mieux ressentir comment tu vas utiliser ces propositions…*

PHRASE N°15
ET PERSONNE NE PEUT
IGNORER QUE…

Il s'agit d'une évocation à double sens. Le premier est une forme simple de transmission de vérité : « personne ne peut ignorer que » sous-entend que « tout le monde sait que… ». Ce sens donne l'impression que nous confions une vérité indéniable à notre client.

Le deuxième sens de la phrase « personne ne peut ignorer que » peut être paraphrasé en « on est obligé de constater que ». Ce sens accentue la puissance de l'idée qui la suit.

Ce double sens cumulé permet de s'assurer des effets de la suggestion.

Objectif d'induction
Les transes sont toutes différentes… **Et personne ne peut ignorer que** *lorsque notre respiration se calme… nous sommes en vérité déjà totalement connecté à quelque chose de différent…*

Objectif de travail
Et personne ne peut ignorer que *derrière les expériences les plus difficiles de notre vie, se cachent ses plus beaux apprentissages…*

À l'intention du lecteur
Et personne ne peut ignorer que *l'art véritable dépend avant tout de la technique.*

PHRASE N°16
NOMMER LE CLIENT

En pleine transe, le simple fait de nommer votre client le raccroche à la suggestion qui suit. C'est un rappel que ce discours, un peu particulier, nous est personnellement destiné. L'attente de la fin de la phrase grandit et les mots qui suivent sont donc d'autant plus forts.

Objectif d'induction
*Et à ce moment-là **Lucie**... tu peux laisser ta respiration changer.*

Objectif de travail
*Et lorsque tu lâches prise sur cette tristesse que tu retiens **Arnaud**… alors tu laisses de la place pour de nombreuses autres choses…*

À l'intention du lecteur
Pour l'exemple suivant, nous vous proposons de remplacer « lecteur » par votre nom, et de prendre le temps de vous répéter plusieurs fois la phrase. Observez ce que vous ressentez.
*Et vous pouvez sentir que chaque mot vous est personnellement destiné, **lecteur**… et juste vous laisser simplement toucher par eux…*

PHRASE N°17
JE NE VOUS DEMANDERAI PAS DE…

Même si on ne demande pas à quelqu'un de réaliser une action, le simple fait d'évoquer cette action est amplement suffisant pour la suggérer. C'est une figure rhétorique très connue, appelée « prétérition ».

Objectif d'induction
*Et tandis que cet état s'approfondit **… je ne vous demanderai pas de** faire attention à la manière dont les sensations sur votre peau évoluent…*

Objectif de travail
*Et pendant qu'une partie de vous met en place les meilleurs changements à venir, **je ne vous demanderai pas d'imaginer** la première chose qui va changer dans votre vie…*

À l'intention du lecteur
*Et lorsque vous lisez cette phrase, **je ne vous demanderai pas de** la répéter dans votre tête, de la manière la plus posée possible… afin de vous l'approprier totalement.*

PHRASE N°18
JE NE VOUS DIRAI PAS QUE…

D'un point de vue syntaxique, cette proposition est très proche de « je ne vous demanderai pas de », mais « je ne vous dirai pas que » n'est pas axée action ; elle est passive. Elle est donc plus adaptée à suggérer des croyances et des perceptions que des actions.

Objectif d'induction
Je ne vous dirai pas que *la plus grande partie de vous est déjà totalement en transe…*

Objectif de travail
Je ne vous dirai pas que *vous avez déjà en vous toutes les ressources nécessaires à la résolution de votre problématique.*

À l'intention du lecteur
Je ne vous dirai pas que *si vous pensez être hypnotique ou ne pas l'être, dans les deux cas vous avez raison…*

PHRASE N°19
EST-CE QUE VOUS SENTEZ DÉJÀ… ?

Il s'agit d'une manière simple d'attirer l'attention de votre client sur un ressenti. Le sous-entendu étant qu'il est libre de ne pas sentir le changement sans pour autant remettre en cause son existence. La suggestion temporelle « déjà » n'est pas obligatoire mais permet une suggestion plus douce : il devient d'autant plus acceptable que le ressenti arrive après.

Objectif d'induction
Est-ce que vous sentez déjà *la façon dont votre tête penche de plus en plus sur le côté ?*

Objectif de travail
Est-ce que vous sentez déjà *comme vos sensations changent à mesure que vous tendez votre main vers lui ?*

À l'intention du lecteur
Est-ce que vous sentez déjà *comment votre manière d'appréhender le langage hypnotique évolue à la lecture de ce livre ?*

PHRASE N°20
EST-CE QU'IL Y A
UNE PARTIE DE TOI… ?

Il peut être important de faire comprendre à un client la notion de « partie de soi », d'un soi fragmenté (relatif aux théories du self qui considèrent la sensation d'un « moi » comme composé d'un ensemble de partie). En effet, il est simple d'imaginer que si un changement ne s'effectue pas, c'est parce que l'ensemble de ce qui nous compose n'y est pas préparé. De temps en temps, il est donc bon de questionner directement ces parties.

Objectif d'induction
*Pendant que tu fixes ce point… tu peux simplement te demander **s'il y a une partie de toi** qui a encore plus envie que les autres de rentrer en transe…*

Objectif de travail
***Est-ce qu'il y a une partie de toi** qui est déjà prête à appliquer tous les apprentissages qu'elle a pu faire ?*

À l'intention du lecteur
*Et au fil des propositions, tu peux te demander **s'il n'y a pas une partie de toi** qui avait toujours su ce qu'il fallait dire pour être hypnotique…*

PHRASE N°21
JE VOUDRAIS SIMPLEMENT QUE TU…

L'usage des mots « simplement », « seulement » ou « juste » permet d'insister sur la facilité de ce qui est demandé. Au point qu'il semble presque impossible pour le client de ne pas y arriver. De plus, ces mots évoquent un ciblage sélectif : l'attention du client se concentre naturellement et exclusivement sur la suggestion.

Objectif d'induction
Je voudrais seulement que tu *te laisses glisser encore plus loin dans cette transe paisible.*

Objectif de travail
Je voudrais simplement que tu *trouves la meilleure manière de gérer cette émotion…*

À l'intention du lecteur
Je voudrais juste que tu *ressentes la fluidité que tu vas pouvoir créer avec toutes ces phrases.*

PHRASE N°22
PEUX-TU IMAGINER … ?

Il s'agit d'une simple technique d'énonciation. Remarquez que nous ne demandons pas au client d'imaginer, mais simplement s'il peut le faire. Quoi que l'on demande, il y a très peu de chance que le client soit en désaccord avec cette idée, et il commencera automatiquement à imaginer. Dans ce cas il n'y a jamais de mise en échec : c'est une demande d'information qui active une action.

Objectif d'induction
Peux-tu imaginer *la manière dont la transe se diffuse à l'intérieur de ton corps… de ton esprit… sur les images qui passent devant tes yeux… et cette respiration qui se relâche peu à peu…*

Objectif de travail
Peux-tu imaginer *une manière encore plus rapide de créer cet apprentissage en toi ?...* ***Peux-tu imaginer*** *tout ce que ces nouvelles capacités vont pouvoir changer dans ta vie quotidienne ?*

À l'intention du lecteur
Peux-tu imaginer *toutes les situations… où tu vas pouvoir utiliser tes nouveaux apprentissages ?*

PHRASE N°23
TU PEUX…

Dire à son client qu'il « peut » faire quelque chose est une invitation. On peut presque imaginer « si tu veux » à la fin de la phrase. À tel point que s'il ne le fait pas, ou alors n'y arrive pas, le lien client - autosuggestion est préservé.

Objectif d'induction
*Pendant que tu sens cet état de transe s'installer de mieux en mieux à l'intérieur de toi, **tu peux** commencer à te visualiser assis sur ce siège, la poitrine mouvante… au rythme des respirations…*

Objectif de travail
*Et pendant que tu réalises ce que ces images peuvent vouloir dire pour toi… **Tu peux** simplement laisser ton esprit trouver le meilleur moyen d'appliquer ses propres solutions…*

À l'intention du lecteur
*A chacune des propositions, **tu peux** imaginer la manière dont tu aimerais les prononcer…*

PHRASE N°24
CONCENTRE TON ATTENTION SUR…

Il s'agit de la manière la plus simple pour diriger l'attention du client sur quelque chose de précis : il suffit parfois de lui demander directement.

Objectif d'induction
Concentre ton attention sur *la détente qui s'installe en toi... Et plus le corps se relâche, plus l'esprit glisse, plus ton attention remarque cette relaxation totale du corps...*

Objectif de travail
Concentre ton attention sur *ce qui change dans ta respiration quand cette image devient de plus en plus petite... et s'éloigne lentement...*

À l'intention du lecteur
Concentre ton attention sur *la manière dont tu peux simplement prendre soin de ton élocution et du rythme de ta parole... quand tu lis ces phrases à haute voix...*

PHRASE N°25
JE ME DEMANDE SI…

Comme beaucoup des suggestions que nous avons déjà vu, l'idée principale est de contourner les résistances éventuelles du client. Vous ne lui demandez pas de faire quelque chose, d'imaginer, de penser... vous évoquez la possibilité à haute voix. Le plus souvent, cela suffit pour déclencher l'action recherchée.

Objectif d'induction
__Je me demande si__ cette légèreté va prendre de l'espace dans le corps, de l'ampleur... jusqu'à le remplir totalement...

Objectif de travail
Et pendant que ton corps se relâche et que tu rentres de plus en plus profondément en transe, __je me demande si__ ton esprit a conscience des nouveaux mécanismes qu'il a mis en place depuis la dernière séance...

À l'intention du lecteur
__Je me demande si__ tu seras aussi suggestible que ton client quand tu utiliseras cette phrase...

PHRASE N°26
JE ME DEMANDE QUAND…

Variante temporelle de la proposition précédente. Au lieu de se demander si quelque chose peut se passer, on se demande quand la chose va se passer. La présupposition ne vous aura pas échappé.

Objectif d'induction
Je me demande quand *la tête va commencer à pencher sur l'un des côtés… au rythme des respirations…*

Objectif de travail
Je me demande quand *cette émotion va être capable de se mélanger avec les autres… de leur parler d'égal à égal… et ce que ça va pouvoir créer de nouveau en toi.*

À l'intention du lecteur
Je me demande quand *tu auras envie de tester cette phrase dans l'accompagnement ?*

PHRASE N°27
COMMENT TE SENTIRAIS-TU SI… ?

C'est une question théorique : si telle situation devait exister, que ressentirais-tu ? En acceptant d'observer le résultat d'une situation, le client accepte en partie que cette situation puisse exister. Le but de cette phrase est double : elle fait sortir le client de son champ de pensées habituelles et le reconnecte avec le corporel. C'est un lien introspectif.

Objectif d'induction
Comment te sentirais-tu si *ton esprit prenait de plus en plus de hauteur, comme s'il sortait de son corps ?*

Objectif de travail
Comment te sentirais-tu si *cette colère devait disparaître ?*

À l'intention du lecteur
Comment te sentirais-tu si *tu n'avais plus rien à prouver à personne ?*

PHRASE N°28
QU'EST-CE QU'IL SE PASSE QUAND ?

Très proche de la phrase précédente, la différence se fait principalement sur l'axe d'exploration que l'on propose au client. Précédemment limitée à l'exploration des sensations, cette nouvelle proposition peut maintenant prendre la forme de sensations, d'émotions, d'images, d'odeurs, d'idées, etc…

Objectif d'induction
Qu'est-ce qu'il se passe quand cette sensation de transe continue de prendre de l'espace à l'intérieur de toi ?

Objectif de travail
Qu'est-ce qu'il se passe quand le travail que tu dois faire sur cette émotion est totalement terminé ?

À l'intention du lecteur
Qu'est-ce qu'il se passe quand tu sais que l'une des phrases t'est particulièrement utile ?

PHRASE N°29
MAINTENANT…

« Maintenant » est un élément temporel qui situe l'action dans l'immédiateté. C'est un mot déclencheur. Il ne s'agit évidemment pas de crier ce mot. Il suffit de le prononcer avec conviction afin que le client se sente soutenu et invité à déclencher une action ou à la poursuivre.

Objectif d'induction
Et pendant que ta respiration se pose... se lisse calmement... tu sais déjà que tu vas atteindre le niveau exact d'attention nécessaire à ton travail... **Maintenant***...*

Objectif de travail
Maintenant*... Tu peux te rapprocher de cette sphère imaginaire... et sentir ce qui change en toi...*

À l'intention du lecteur
Et tu vas pouvoir juste pendre le temps de penser à la phrase que tu as le plus aimé jusque-là... et imaginer la manière dont tu pourrais l'utiliser... **maintenant***...*

PHRASE N°30
FINALEMENT…

« Finalement » est un lien de causalité qui implique la finalité des éléments précédents et oriente l'attention sur les propos ultérieurs.

Objectif d'induction
*Cette sensation prend de plus en plus d'espace… vous pouvez la sentir glisser sur la peau… et **finalement**… la main commence à se lever…*

Objectif de travail
*Et sentir la manière dont vous changez… **Finalement**, vous allez pouvoir trouver quelque chose de plus important encore… quelque chose qui va vous permettre d'avancer… de transformer votre ressenti…*

À l'intention du lecteur
***Finalement**, vous serez exactement l'hypnotiseur dont vos clients ont besoin.*

PHRASE N°31
TÔT OU TARD…

De la même manière que « finalement », il s'agit de suggérer l'inéluctabilité d'une action à venir. Tôt ou tard dans la séance, cette action va se passer. Cette suggestion propose donc au client de laisser émerger l'action plutôt que d'essayer de la combattre vainement.

Objectif d'induction
*La tête continue de pencher sur le côté... et **tôt ou tard**, l'esprit lui aussi va commencer à pencher légèrement... de plus en plus...*

Objectif de travail
***Tôt ou tard**, cette image va disparaître... et vous vous rendrez compte que vous avez déjà créé celle qui peut venir prendre sa place... simplement...*

À l'intention du lecteur
***Tôt ou tard**, vous créerez votre propre langage hypnotique, et vous aurez peut-être le plaisir de donner ce livre à quelqu'un.*

PHRASE N°32
OÙ TE SENS-TU ?

Derrière une question innocente destinée à récupérer un peu plus d'information, vous invitez votre client à ressentir quelque chose, à se connecter à nouveau avec ses sensations corporelles.

Objectif d'induction
*Et pendant que les deux mains se lèvent au rythme des respirations… tu peux te demander : **où te sens-tu** le plus en transe ?*

Objectif de travail
*Et pendant que tu observes ces multiples toi, dans de nombreuses situations… je me demande : **où te sens-tu** le plus à ta place ?*

À l'intention du lecteur
*Quand tu fermes les yeux et que tu répètes cette phrase… **où te sens-tu** le plus hypnotique ?*

PHRASE N°33
TU N'AS PAS
FORCÉMENT BESOIN DE…

Même si le client n'a pas besoin de faire quelque chose, on lui donne une direction à travailler. En suggérant une action tout en supprimant sa nécessité, on limite le risque de sensation d'échec. Notez que cette phrase est également particulièrement utile pour suggérer un renoncement.

Objectif d'induction
Tu n'as pas forcément besoin de *laisser de côté toutes tes pensées quand tu rentres en transe, de les sentir se ralentir…*

Objectif de travail
Tu n'as pas forcément besoin de *colère quand tu te retrouves confronté à cette situation, et tu peux même laisser une partie de toi trouver une réponse totalement différente…*

À l'intention du lecteur
Tu n'as pas forcément besoin de *lire plusieurs fois ce livre pour juste te faire entièrement confiance lors de tes séances…*

PHRASE N°34
LÂCHER PRISE…

Si on y réfléchit bien, l'idée même de lâcher prise est très vague et n'a aucune définition réelle. Pour certains il s'agit de lâcher une émotion, pour d'autre d'en récupérer une « positive », ou alors même d'arrêter de penser, etc… et c'est justement cela qui nous intéresse ! Quand on dit à un client de « lâcher prise », on lui indique juste le bon moment de se détacher de ce qui le retient, quoi que cela soit et quelle qu'en soit sa manière. Évidemment, cette demande doit être faite avec justesse car certains clients peuvent être stressés à l'idée même de lâcher prise, justement car ils en ont peut-être une idée très forte et différente de la vôtre. Il convient donc de préparer le terrain.

Objectif d'induction
*Et pendant que tu respires et qu'une partie de toi continue de descendre ces marches… d'autres espaces peuvent continuer de **lâcher prise**… à leur rythme… et laisser encore plus d'espace à l'intérieur de toi…*

Objectif de travail
*Et quand tu as fini d'entendre tout ce qu'il avait à te dire… alors tu peux juste **lâcher prise**… sentir ce changement à l'intérieur de toi… laisser aller toutes les tensions … et te concentrer sur ce qui vient prendre leur place…*

À l'intention du lecteur
*Et pendant que tu lis ce livre, tu peux imaginer les utilisations que tu vas pouvoir faire des phrases… Et simplement **lâcher prise** sur la facilité d'utiliser ces nouveaux leviers …*

PHRASE N°35
EST-CE QUE TU VAS (A)…
AVANT DE (B)… ?

Dans cette phrase, nous détournons l'attention du client. Il se concentre sur la possible existence de l'action (a), en acceptant unilatéralement l'existence de l'action (b). Ainsi nous proposons une étape (a), quand l'objectif principal est en vérité l'acceptation de l'action (b).

Objectif d'induction
Et pour le moment, tu peux rester concentré sur ta respiration… **Est-ce que tu vas** *sentir les changements qui s'opère en elle…* **avant de** *prendre conscience de la légèreté qui s'installe dans la main ?*

Objectif de travail
Est-ce que tu vas *totalement laisser cette sensation disparaître* **avant de** *te rendre compte de l'importance que tu as dans le monde ?*

À l'intention du lecteur
Est-ce que tu vas *créer tes nouveaux réflexes d'accompagnant* **avant** *d'avoir totalement assimilé chacune des phrases de ce livre ?*

PHRASE N°36
ET COMME TU (A)…, ALORS (B)…

Particulièrement utile, cette proposition permet de créer une suite de phrases aussi longues que vous le souhaitez dans un effet d'addition.

Objectif d'induction

Et comme tu imagines la manière dont tu es posé(e) sur cette chaise… *et comme tu* prends déjà conscience de ce qui change à chacune des respirations… *et comme tu* sens les mains devenir de plus en plus lourdes sur tes cuisses… *alors* tu peux juste fermer tes yeux intérieurs… et rentrer en transe maintenant.

Objectif de travail

Et comme tu prends de la distance avec le passé… *et comme tu* crées de nouveaux comportements plus adéquats… *et comme tu* découvres la nouvelle personne que tu peux être… *alors* tu peux juste te connecter maintenant avec cette nouvelle partie de toi, et la laisser prendre de l'espace…

À l'intention du lecteur

Et comme tu lis chacune des phrases de ce livre… *Et comme tu* découvres de nouvelles manières d'induire le changement… *et comme tu* viens confirmer des choses que tu savais déjà… *alors* tu peux juste prendre encore plus de confiance sur tes capacités d'accompagnant.

PHRASE N°37
ET POURTANT...

Sorte de balance magique pour équilibrer une problématique, « et pourtant » peut servir dans deux sens : Énoncer le « négatif », puis mettre en lumière le « positif » ; ou énoncer le « positif », puis mettre en lumière le « négatif ». Cela est utile pour aider le client à reconnaitre ce qu'il a traversé.

Objectif d'induction

*Ton corps est parfaitement stable, et rien ne laisse présager de la transe qui est en train de s'installer en toi... **et pourtant** à l'intérieur quelque chose est en train de bouger, de glisser... doucement... et tu peux commencer à le sentir quelque part, n'est-ce pas ?*

Objectif de travail

*Et tu as conscience de tout le mal que cette relation a pu te faire, et des cicatrices que tu peux garder... **et pourtant** une partie de toi a énormément appris pendant toute cette période, et elle en ressort plus forte que jamais...*

À l'intention du lecteur

*Et quand tu accompagnes un client, tu es totalement avec lui... **et pourtant** quelque part à l'intérieur de toi, un raisonnement instinctif te permet de choisir la meilleure manière de lui parler...*

PHRASE N°38
TU AS PEUT-ÊTRE REMARQUÉ…

Grâce à cette formulation, vous attirez simplement l'attention du client vers un nouvel objet et cela quel que soit l'endroit sur lequel il est concentré.

Objectif d'induction
*Pendant que ta respiration se pose, et que les muscles de tes épaules sont de plus en plus relâchés, **tu as peut-être remarqué** que quelque chose d'autre commence à se créer à l'intérieur de toi… une sensation différente… qui se pose…*

Objectif de travail
*Tu vois cette image s'éloigner, prendre de plus en plus de distance… **tu as peut-être remarqué** les nouvelles capacités que tu as pu développer au fil de ces expériences…*

À l'intention du lecteur
*Et pendant que tu lis chacune des propositions du livre, **tu as peut-être remarqué** que ta manière d'aborder les phrases a déjà évolué.*

PHRASE N°39
ET LE MEILLEUR DANS TOUT ÇA…

Quelle meilleure manière d'attirer l'attention que de révéler le meilleur de ce qui est en train de se passer ? Surtout si ce qu'on a vécu jusque-là était déjà très positif !

Objectif d'induction
Et le meilleur dans tout ça, *c'est que tu n'as même pas à faire d'effort pour que l'état s'approfondisse de plus en plus…*

Objectif de travail
Et le meilleur dans tout ça, *c'est que tous les changements que tu as mis en place vont continuer à évoluer d'eux-mêmes au fil du temps, jusqu'à trouver le réglage exact qui te correspond…*

À l'intention du lecteur
Et le meilleur dans tout ça, *c'est que sans même que tu t'en rendes compte, certaines de ces phrases te viendront de manière totalement automatique pendant tes séances…*

PHRASE N°40
ET PLUS…

Cette proposition de cause à effet a la particularité d'être infinie, tout en liant les actions les unes aux autres. Élémentaire, elle reste néanmoins d'une redoutable efficacité.

Objectif d'induction
Et plus *tu te concentres sur cette sensation de relâchement dans la nuque, …* ***et plus*** *l'envie de vouloir fermer les yeux se fait présente…* ***et plus*** *tout le corps commence à se faire de plus en plus lourd…*

Objectif de travail
Et plus *tu te rappelles cette sensation désagréable…* ***et plus*** *tu peux également te rappeler de ce qu'elle a pu t'apporter de positif…* ***et plus*** *une partie de toi peut commencer à la voir différemment…*

À l'intention du lecteur
Et plus *tu imagines la manière dont tu vas pouvoir utiliser toutes ces phrases…* ***et plus*** *une partie de toi gagne en confiance…* ***et plus*** *tu vas avoir envie d'être parfaitement attentif à tes clients…*

PHRASE N°41
PLUS TU ESSAIES DE (A)…, PLUS (B)…

Souvent utilisée par les hypnotiseurs de spectacle (par exemple pour les fameux « doigts collés »), ce lien de cause à effet est très efficace pour contourner certaines résistances grâce à son effet levier.

Objectif d'induction
*Et **plus tu essaies de** garder les yeux ouverts, **plus** tu sens qu'ils se ferment irrémédiablement… qu'ils deviennent de plus en plus lourds…*

Objectif de travail
*Et **plus tu essaies de** résister à ce changement, **plus** tu te rends compte qu'une partie de toi a déjà changé… et tu peux juste commencer à apprécier réellement ce changement…*

À l'intention du lecteur
***Plus tu essaies** d'utiliser à haute voix un langage hypnotique, **plus** tu te rends compte qu'une partie de toi savait déjà exactement comment faire.*

PHRASE N°42
COMME POUR…

Cette suggestion de finalité peut être utilisée pour donner des indications supplémentaires à un client lors d'une action. Elle est très permissive car elle a un rôle d'illustration.

Objectif d'induction

*Tu vas pouvoir rentrer en transe… **comme pour** aller découvrir des sensations nouvelles… et se connecter avec toi-même d'une manière totalement différente…*

Objectif de travail

*Et tu vas pouvoir laisser partir cette image… **comme pour** faire comprendre à une certaine partie de toi que tout cela fait déjà partie du passé… et qu'il est temps d'apprendre quelque chose de nouveau.*

À l'intention du lecteur

*Tu vas pouvoir utiliser chacune des phrases proposées dans ce livre… **comme pour** prendre le temps de les découvrir pleinement, de voir l'effet qu'elles ont sur ton client mais également sur toi…*

PHRASE N°43
EST-CE QUE TU SENS… ?

Cette question ramène l'attention du sujet sur son corps et sur ses sensations, permettant d'explorer les particularités kinesthésiques de l'état d'hypnose. On peut utiliser cette phrase pour cibler différents niveaux kinesthésiques : la *kinesthésie première* (les sensations sur la peau), la *kinesthésie profonde* (les sensations dans le corps), et la *kinesthésie posturale* (la perception de la position d'un élément du corps) aussi appelé *proprioception*.

Objectif d'induction
Est-ce que tu sens *le mouvement de ton t-shirt sur ton ventre à chacune de tes respirations ? /* ***Est-ce que tu sens*** *comme quelque chose à l'intérieur s'aligne ? /* ***Est-ce que tu sens*** *la manière dont ta main se déplace dans l'espace ?*

Objectif de travail
Et tu peux continuer d'imaginer ce qu'il te dit… pendant ce temps… ***est-ce que tu sens*** *tout ce qui est en train de changer à l'intérieur de toi ?*

À l'intention du lecteur
Quand tu lis toutes ses propositions, simples et claires, et que tu fermes les yeux… ***Est-ce que tu sens*** *ce que te procure ce nouvel apprentissage ?*

PHRASE N°44
TU PEUX TE RAPPELER…

Comme pour de nombreuses phrases proposées ci-dessus, *tu peux te rappeler* sous-entend que le sujet est également libre de ne pas se rappeler. C'est donc une proposition sans aucun risque. Malgré tout, c'est un excellent point de départ pour une exploration très libre des sensations, des sentiments, des images, etc. Le sujet a entièrement le choix de la direction à prendre à partir de cette question.

Objectif d'induction
*Et pendant que tes yeux se ferment et que ta respiration se calme, **tu peux te rappeler** comme c'est bon parfois de juste se laisser glisser… se laisser guider pendant quelques instants.*

Objectif de travail
*Quand tu aperçois ce toi du passé, **tu peux te rappeler** de ce temps où on prenait soin de toi… Un temps où tu te sentais en sécurité… et de la manière dont tu étais pleinement entouré.*

À l'intention du lecteur
*Et maintenant, **tu peux te rappeler** la raison pour laquelle tu as voulu apprendre l'hypnose… peut être pas celle que tu donnes aux gens, mais la vraie raison qui, un jour, est née au plus profond de toi…*

PHRASE N°45
C'EST ÇA…

Je ne sais pas si vous avez déjà regardé une vidéo de Milton Erickson, ou de certains de ces élèves les plus notables, mais leurs séances sont remplies de *« that's right … »*, *« c'est ça… »* En hypnose ericksonienne, il s'agit de l'une des validations les plus puissantes. Lorsque nous validons d'une manière aussi directe l'expérience du sujet, nous solidifions d'abord le lien sujet-hypnotiseur, mais également sujet-expérience. Il est sur la bonne voie, et nous lui faisons savoir clairement. Il s'agit également d'un amplificateur : un signe physique de transe ? Un mouvement qui laisse penser qu'il se passe quelque chose pour lui ? Cette validation rassure, et invite à poursuivre pleinement l'exploration.

Objectif d'induction
Et tu peux sentir ton corps être de plus en plus pesant et relâché. Et la tête, et les mains, et les jambes, et les paupières… tout est de plus en plus lourd et détendu… (le corps se détend visuellement)… **C'est ça…**

Objectif de travail
Et lorsque tu imagines cette personne, tu peux lui prêter une oreille attentive, et écouter pleinement ce qu'elle a à te dire… (les yeux s'agitent d'un coup derrière les paupières closes) **C'est ça…** *et sois attentif à la manière dont tu peux recevoir tout ça, à ce que ça fait dans ton corps quand tu l'écoutes.*

À l'intention du lecteur
Et tu peux fermer les yeux, et imaginer la manière, le ton, la précision avec laquelle tu pourras dire « c'est ça » pour que le sujet se sente pleinement accompagné… **C'est ça…**

PHRASE N°46
QUELQUE CHOSE

Parler de l'inconscient à son sujet, c'est d'abord prévoir de le définir à un moment donné. De quoi parle-t-on quand on parle d'inconscient ? Chaque époque, chaque courant, chaque spécialité à sa propre définition. *Quelque chose* permet de passer outre cette problématique. On parle peut-être de l'inconscient, mais peut-être pas. Derrière *quelque chose* se cache ce qui parlera le plus à votre sujet.

Objectif d'induction
Lorsque l'état s'approfondit de cette manière, vous pouvez sentir que **quelque chose** *s'installe à l'intérieur, et sans trop savoir ce que c'est, vous pouvez choisir de lui laisser un peu d'espace…*

Objectif de travail
Et lorsque vous aurez pleinement vécu ce que vous avez à vivre dans cette expérience, alors **quelque chose** *à l'intérieur pourra faire descendre votre main peu à peu…*

À l'intention du lecteur
Et même si parfois, vous avez l'impression que cela fait beaucoup d'informations d'un coup, vous savez que **quelque chose** *à l'intérieur apprend également, même si vous n'en avez pas conscience tout de suite.*

PHRASE N°47
YES SET

La technique du *Yes set* s'est principalement diffusée grâce à la mode de la Programmation NeuroLinguistique (PNL)[2]. Utilisée maintenant par de nombreux vendeurs et commerciaux, elle est avant tout un outil d'accompagnement. Elle consiste d'abord à évoquer des éléments déjà présents, puis un élément de direction voulu. Cette technique permet de renforcer le rapport et d'orienter la suite de la séance vers un élément précis à venir. On parle de *Yes set* car les éléments déjà présents sont confirmés par un *oui* mental, à la manière du « *n'est-ce pas ?* » vu plus haut.

Objectif d'induction
Vous avez les yeux fermés... vous sentez le poids de votre corps... votre respiration change doucement... et l'état continue de s'approfondir.

Objectif de travail
Vous imaginez maintenant pleinement cet endroit... vous y voyez tous les détails... vous entendez tous les sons... et doucement quelque chose d'important apparaît...

À l'intention du lecteur
Vous êtes en train de lire ses lignes... vous sentez ce livre dans vos mains... vous connaissez la technique que j'utilise... et cela vous permet d'encore mieux la comprendre.

---

[2] Rappelons ici que la PNL est un enfant de l'hypnose Ericksonienne. Le livre fondateur ayant été écrit par deux élèves d'Erickson et préfacé par ce dernier. Voir *Structure de la magie*, *InterEditions*.

PHRASE N°48
VRAIMENT

Vraiment est l'un des mots hypnotiques les moins utilisés par les hypnotiseurs d'aujourd'hui. Il permet pourtant de mettre l'emphase sur une proposition d'une manière très douce et délicate. Ce simple mot invite le sujet à reconsidérer ce que vous lui avez dit, à chercher plus loin, plus intensément. Il demande à être prononcé de manière claire et sûre.

Objectif d'induction
*Et vous pouvez regarder tout ce qui change à l'intérieur de vous pendant que vous laissez cette transe s'installer… y être **vraiment** attentif pendant quelques instants…*

Objectif de travail
*Et, lorsque vous imaginez ce nouveau futur qui se dessine devant vous, vous pouvez visualiser tout ce qui va changer pour vous… tout ce qui va **vraiment** changer et qui va vous permettre d'être un peu plus vous, de jour en jour…*

À l'intention du lecteur
*Vous pouvez penser à la manière dont vous allez intégrer toutes ces techniques dans votre pratique…**Vraiment** les intégrer dans chacun des mots, chacune des phrases que vous prononcerez.*

PHRASE N°49
SEULEMENT QUAND TU SERAS PRÊT

Cette technique permet au sujet d'explorer tout ce qu'il a à vivre avant de passer à la prochaine étape de son accompagnement. Et cela dans une liberté absolue. Vous lui proposez un déclencheur que lui-même pourra activer et vous attendez patiemment qu'il termine son expérience. Vous pouvez l'utiliser dans le cœur de la séance, mais je l'utilise surtout à la fin pour lui laisser la possibilité de profiter comme il l'entend des derniers instants de transe.

Objectif d'induction
Tu continues de fixer ton regard sur cet objet… et tu peux sentir à l'intérieur de toi une sensation intrigante, comme un balancement… et **seulement quand tu seras prêt** *tu pourras fermer les yeux, et laisser pleinement cette sensation s'installer en toi.*

Objectif de travail
(le sujet est debout) Tu peux visualiser pleinement tous les changements à venir dans ta vie, tout ce qui va changer… dans les moindres détails… Prends le temps de tout regarder, de tout peaufiner… Et **seulement quand tu seras prêt**, *tu pourras faire un pas en avant comme pour entrer dans ce futur qui t'attend.*

À l'intention du lecteur
Pour chacune des phrases de ce livre, tu peux prendre le temps de t'imaginer les prononcer… la manière dont tu vas poser tes mots, choisir ton rythme… et **seulement quand tu seras prêt**, *tu pourras les dire à haute voix.*

PHRASE N°50
TU PEUX PRÊTER ATTENTION À…

À première vue, cette dernière phrase n'a pas de rapport direct avec le langage hypnotique et pourtant c'est sans doute l'une des choses les plus importantes à intégrer dans son accompagnement : lier l'expérience avec le réel subtil. Quel que soit votre usage de l'hypnose, votre sujet peut parfois s'attendre à un coup de baguette magique. Mais, pour certains, les résultats d'une séance demandent souvent qu'on y prête pleinement attention pour être remarqués (même si dans ce domaine, la magie existe parfois). Impliquez donc votre sujet en lui proposant de rester attentif, pendant et même après la séance.

Objectif d'induction
*Pendant que ta main se lève, comme portée par une brise…légère…**tu peux prêter attention** à la manière dont, à l'intérieur de ton corps, une sensation particulière se fait de plus en plus présente…*

Objectif de travail
*Et au fil des prochains jours, au fil des prochaines semaines,… **tu pourras prêter attention** à la manière dont certaines choses peuvent commencer à bouger dans ta vie… être attentif aux grands changements comme aux petits.*

À l'intention du lecteur
*Maintenant que tu as lu ce livre, tu peux t'entrainer au langage hypnotique de manière plus détendue, seul ou en accompagnant, et **tu peux prêter attention** à ce que ça change dans ta pratique.*

CONCLUSION

Cette liste, non exhaustive, est maintenant vôtre. Je vous invite à vous amuser avec ces propositions : faites des séances avec une sélection réduite, ou essayez de toutes les utiliser et de les mélanger. Découvrez celles avec lesquelles vous êtes le plus à l'aise, et laissez-vous surprendre par celles vers lesquelles vous ne seriez pas allé sans ce livre. En bref : faites-vous plaisir !

Si vous le souhaitez, vous trouverez des exemples de séances sur ma chaîne YouTube. Vous pouvez également passer me saluer sur mon compte instagram, je suis toujours ravi de vous lire.

Merci encore d'avoir lu ce livre,
Amitiés,

Thibault.

PS : Les livres sont faits pour être partagés. Quand le temps sera venu, offrez-le à quelqu'un.

Chaîne YouTube : Thibault Gouttier
Instagram : @tgouttier
www.hypno.live

À PROPOS DE L'AUTEUR

Thibault Gouttier est Maître Praticien en Hypnose Ericksonienne et travaille activement à la démystification de l'hypnose en France. Il organise de nombreux ateliers en entreprise et accompagne ses clients en cabinet et sur internet.

C'est au poste de Directeur du Développement et de la Communication de l'Académie de Recherche et Connaissances en Hypnose Ericksonienne (A.R.C.H.E.) qu'il se fait connaître des professionnels de l'hypnose. Il est découvert par le grand public grâce à une série de vidéos à succès en collaboration avec le 1er site de santé francophone, Doctissimo.

Ses vidéos d'hypnose, disponibles sur plusieurs chaînes YouTube, cumulent plus de 2 millions de vues.